"부카레스트 작전"

대령님, 바로 **저 집**입니다!

모두 모여 있겠지?

그렇습니다!... 바로 30분 전에 제가 저 모임에 있었습니다.

저 집에 성경이 있다는 제보다!..
반드시 성경을 찾아라!
알겠습니다!!
자, 모두 조용히!
쉬-잇

*예수께서 말씀하시기를, "내 아버지 집에는 많은 저택들이 있느니라. 그렇지 아니하면 내가 너희에게 말하였으리라."

"...나는 너희를 위하여 처소를 마련하러 가노라."
쉿... 밖에 누가 있어요!
...성경을 숨겨요... 빨리!

꽈당!
꼼짝마라!! 너희 모두를 체포하겠다!

* 요한복음 14:2

제발!

오, 안돼요!!
어린 딸을 때리지 마세요!

퍽!

안돼!

* 잠언 12:10

* 아모스 8:11, 시편 119:11

한편 수백 마일 떨어진 곳에서는... 이들의 기도를 이루기 위한 계획이 진행되고 있었다.
코스로프 박사는 시카고 외곽의 작은 교회에 있다.
이 사람들이 이 일에 적합하다고 보십니까?
확실합니다, 코스로프 박사님!

티모시 에머슨 클락은 21살의 청년으로서, 육군 특수부대 출신입니다. 8개국어를 유창하게 구사할 수 있습니다. 그가 맡은 팀은 일급비밀 임무를 띠고 적의 배후에 투입되곤 했습니다.

부대로 되돌아갈 만큼 몸이 회복되기 전에... 티모시 에머슨 클락은 선교사들을 통해 그리스도의 복음을 들었습니다.

하나님의 말씀이 그를 움직였죠.* 그리고 부대로 복귀할 때쯤, 팀은 훌륭한 그리스도인이 되어 있었습니다.

* 로마서 10:17

제임스 카터

또 다른 사람은 제임스 카터. 20대 청년이지만, 마약 조직의 두목이었습니다. 잘 훈련된 흑인 전사로 길거리 싸움의 전문가죠. 게다가 가라데 유단자입니다!

* 잠언 29:25.

짐이 어릴 때부터 그를 사랑하며 기도해 주던 늙은 목사님이 있었죠.

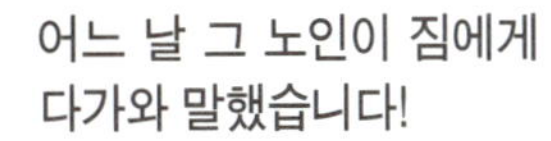
어느 날 그 노인이 짐에게 다가와 말했습니다!

어리석은 노인네가 말씀을 부리는구만

5분도 못돼서 죽을 걸!
질 가시오, 목사님

목사, 당신은 이제 끝장이야!
네 아버지가 허락받지 않는 한, 넌 날 죽일 수 없지!
내 아버지??? 이봐, 당신이 내 아버지가 누군지 알기나 해?

아주 잘 알고 있지!

네 아버지는 바로 마귀야!
예수 그리스도께서 마귀에게 허락하셔야만* 너는 나를 죽일 수 있지!
하하하, 이봐 목사, 그런 걸 진짜 믿는 건 아니겠지!

* 욥기 1:10-12.

진짜 내가 하나도 무섭지 않단 말이지?
나는 오직 한 분만 두려워한다네!

그게 누군데?
전능하신 하나님!

말 같지도 않은 소리!
나는 지금 예수님에 관해 말하는 거다!

말도 안 돼! 예수는 말구유에서 태어난 아기일 뿐이야. 그리고 십자가에서 죽었잖아!
지미, 그게 아니야! 예수 그리스도는 **전능하신 하나님**이셔!*

그분이 어떻게 태어나셨는지 말해 주지!
말해 보슈!

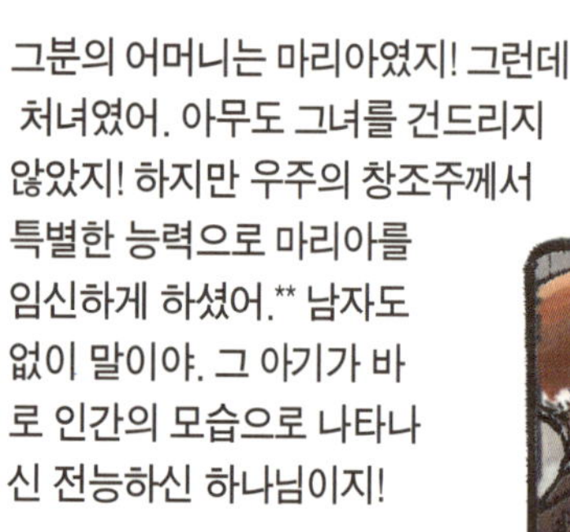
그분의 어머니는 마리아였지! 그런데 처녀였어. 아무도 그녀를 건드리지 않았지! 하지만 우주의 창조주께서 특별한 능력으로 마리아를 임신하게 하셨어.** 남자도 없이 말이야. 그 아기가 바로 인간의 모습으로 나타나신 전능하신 하나님이지!
* 이사야 9:6, ** 누가복음 1:26-35

이런, 진짜 대단한데! 그런데 왜 아무도 내게 이런 말을 해주지 않았지?

지미 카터, 자네의 죄 때문에 창조주께서* 십자가에서 죽으시고 거룩한 피를 흘리셨네. 만약 자네가 그 사실을 믿고 예수 그리스도를 영접한다면 새 사람이 될 수 있네.

그날, 짐 카터는 예수님을 영접했습니다.

* 요한복음 1:3,10, 골로새서 1:16-17, 요한계시록 4:11

부카레스트 근처 작은 마을에 지하
인쇄소가 마련되어 있습니다. 우리의
성경을 만들 설비가 다 준비된 것이
지요.

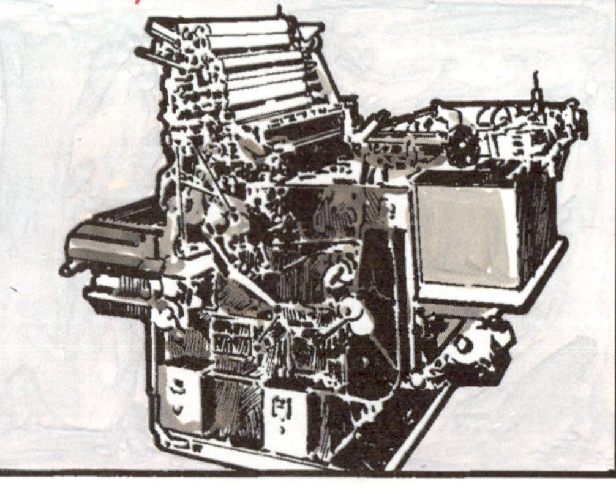

성경 번역도 루마니아어로 아주 훌륭하게 되었답니다. 그리고 이것이 바로 성경의 본문을 담고 있는 마이크로 필름입니다.

이 필름이 전달만 되면 8주 내로 지하에서 성경을 생산할 수 있습니다.
소련 연방에서 종교의 자유를 주고 있지 않습니까?

언론을 통해 보도된 자료만 믿어서는 안 됩니다... 그들에 의해 공인된 교회에서는 정부의 지시대로만 설교한답니다.

여러분도 알다시피, 철의 장막 뒤에 있는 성도들은 아주 위험합니다.

형제들이 이 마이크로필름을 부카레스트로 가져가 주시겠습니까?
코스로프 박사님, 저희에게 일주일간 기도할 시간을 주십시오.*

알겠습니다. 그러죠!
기도한 후 주님께서 허락하시면, 저희는 가겠습니다.

* 빌립보서 4:6-7

그로부터 3일 후
코스로프 박사님, 팀 클락입니다. 짐과 저는 부카레스트로 가는 것이 주님의 뜻이라고 확신합니다.
감사합니다!

IMMIGRATION
이제 사진 찍고, 비행기 티켓 사고... 부카레스트로 가는 거군.

여기다.

이런, 무슨 줄이 이렇게 길어?
왜 그래? 어떤 환경이든 불평하지 말아야지.
그래, 형제 말이 맞네.

어느 나라를 방문하실 계획인가요?
루마니아요. 우린 부카레스트로 갑니다.

네, 그러세요? 이 서류를 작성해서 사진하고 함께 가져 오세요.
다음 분!

짐과 일행입니다.
그러세요?

(헉!) 티모시 에머슨 클락이 본인 이름인가요?
네, 부인.

프랑스 주재 미국 대사와 관계가 있나요?
네, 저희 삼촌입니다!
세상에... 놀랍군요.

카터 씨와 함께 부카레스트를 방문하실 계획이라고 하셨죠?
예!
이런... 정말 큰 대어를 낚았군.

댁으로 일주일 내에 여권이 도착하게 될 겁니다.
즐거운 여행되세요.

죄송합니다. 옆 창구를 이용해 주세요.
PLEASE

뭐야, 이거? 한 시간이나 기다렸단 말이야!
죄송하지만, 전 일이 끝났습니다.

저, 저런... 이런 관료주의 때문에 나라가 발전 안하는거야!
무슨 상관이람?

클락이라... 그렇게 쉽게 보내줄 수 없지, 아무렴.

그럼 사진은 잠깐 실례! 서
류는 일단 서랍에 잘 넣어
두도록 하고...

오래 걸리진 않을 거야.
숙녀용

철컥

인정받을 수 있는 좋은 기회가 되겠지?
찰칵
이제 맥스 씨가 나를 크게 신임할거야.

사진을 다시 서류에 붙여 놓고... 아무도
이렇게 잘해 내진 못할 거야.

그날 밤 그녀의 집에서
멋져, 제트루드 레비츠, 넌
진짜 천재야.

이거 국제 사회에서 꽤나 큰 파장이 일어날 것
같은데!

이것 봐, 제트루드가 아주 잘 했어! 즉시 스톡홀름행 비행기를 대기시키게.
네, 맥스 씨.

체르코프 대령이 기뻐할 거야. 어쩌면 이번 기회에 나도 승진할지 모르지.

스톡홀름
모스크바행 편도 부탁합니다.

직원용 차에 등급을 매기는 일이 아주 중요한가 보죠.
그렇소, 동무.

여기는 모스크바, KGB 본부
대령님 기분이 어떠신가?
엉망입니다.
KGB는 거대한 정보 조직으로, 이 조직을 통해 소련 전역의 모든 사람들이 통제를 받는다.

체르코프 대령님, 안에 계신가?
네, 맥스 씨. 기다리고 계십니다. 자리에 앉아 계세요.

이런 멍청이! 이걸로 넌 끝장이야!
기분이 좋으신 것 같은데?
매우요.

시베리아로 보내 버리겠어. 나가!
맥스 들여보내.

맥스, 자네 여행 경비가 만만치 않아!
아, 예, 대령님, 그게 좀...

하 하 하
티모시 에머슨
클락이라! 이거
정말 믿기지않는 일
인걸?

맥스, 정말 오랫동안 기다렸던 순간
이지 않은가!
잘했네, 이번 일을 잊
지 않겠네. 자넬 기억
할 거야.

오후 3시에 비상
모임을 소집해!
네,
대령님!

왠지 군대 전체가 이곳으로 집결하고 있는 듯한
느낌인데?
뭔가 큰 일이
있는 것 같아.

동지들, 모두 주목한다.
이번 임무는 초특급 우선순위에
해당한다.

이 녀석은 티모시 에머슨
클락이라는 자로서

내가 정말 경멸하는 프랑스 주재
미대사인 티모시 에머슨 클락의
조카다!

우리의 임무는 스캔들을 만
드는 것이다.
그렇게 해서 프랑스에 있는
클락 대사의 위치를 망가뜨
리는 것이야!

이 녀석이 지금 부카레스트에 관광차 오고 있다.

그가 이 영광스러운 나라에 오는 즉시,
매우 어리석은 행동을 하고야 말 것이다!

미모의 우리 요원과 사랑에 빠지게 하는 거지. 마치 기막힌 우연같이 말이야.

이 아름다운 러시아 아가씨와 애정 행각을 벌인다...

그리고 그 사실이 뉴스를
통해 전해지면... 우리는 **분노하는 것이다!!**

소련은 미국에 공식 사과를 요청하고,

그리고 그 녀석이 대사의 조카이므로...
그의 이름을 계속 퍼뜨린다. 그럼 사람들은 그 이름이 대사와 같으므로 미대사 이야기로 인식하게 될 것이다!

그 즉시 우리는 프랑스 주재 대사를 갈아치울 것을 요구한다.
우리의 상처 난 마음을 달래기 위해... 미국은 즉시 이 요구에 응할 것이다.

그렇게 우리는 놈에게 철저히 복수를 하는 것이다.
이 얼간이가 부카레스트로 오는 덕택에 말이다.

이제부터 이 두 녀석과 관련된 모든 정보를 입수하도록 한다!
이 두 녀석들이 과연 언제나 유럽에 올 것인가?
심지어 아침으로는 뭘 먹는지? 모든 걸 다 알아내라.
그리고 이들이 어떤 여자를 좋아하는가?
네, 대령님!

그동안 코스로프 박사는 자신들의 위험한 임무에 관해 "십자군" 들과 논의하고 있다.
짐, 자네는 부카레스트를 떠나기 바로 전날 밤에 우체국으로 가게나.
오후 10시에 한 남자가 어린 소녀 세 명과 함께 있는 것을 볼 수 있을 걸세. 다정하게 다가가 그에게 담배 한 대를 주게!

그 담배 안에는 우리가 준비한 마이크로필름이 들어 있다네!
지금 당장 담배 한 갑을 사야겠군요!

저 사람이 바로 짐 카터로군!

얼마인가요?
55센트 입니다.
누가 미행하고 있는 것 같은데!

저 광대 같은 녀석은 도대체 어디서 훈련받은 거야?
꼭 "B" 급 영화 흉내 내는 것 같군.

코스로프 박사님, 여기 있습니다!
이 담배갑 속에 마이크로필름을 집어 넣어야겠네.

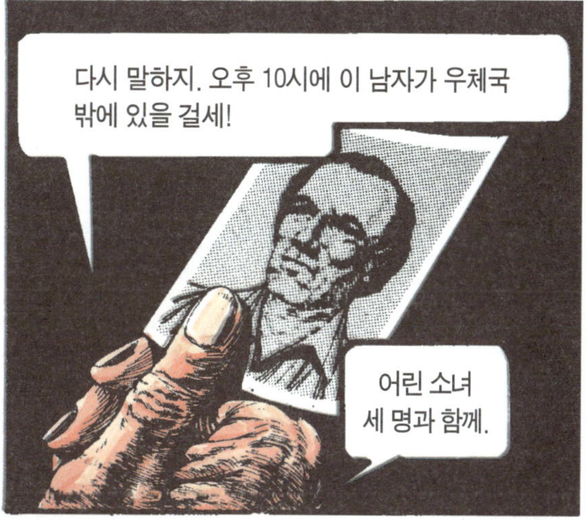
다시 말하지. 오후 10시에 이 남자가 우체국 밖에 있을 걸세!
어린 소녀 세 명과 함께.

명심하겠습니다.박사님.
이보게, 자네들 비행기는 2주 후에 떠나네. 난 이제 그만 가 봐야겠어.

하나님께서 자네들을 안전하게 보호하여 주시고 이번 임무를 성공적으로 완수할 수 있게 인도해 주시도록 우리 모두 기도하세.
사랑하는 주님, 오늘밤 주님께 간절히 구하오니...

여기는 다시 KGB 본부
도대체 ##!!☆☆! 그 녀석들의 일정을 알아 낸거냐??
지금 최선을 다해서 알아보고 있는 중입니다, 대령님!

* 잠언 3:5-7

군 기록과 학교 기록입니다.
내 생각처럼 얼간이가 아닌걸. 조심해야겠어.
대단한데... 8개국어를 하다니!

여자 친구 사진은 어딨나?
지금 조사 중입니다. 대령님!
반드시 3일 내로 가져오도록 해.

다음날
짐, 뭔가 이상한 일이 벌어지는 느낌이 들어. 누가 내 아파트를 뒤진 것 같아.
뭐 없어진 물건이라도 있어?

아직 확실치는 않은데... 사진 몇 장이 없어진 것 같아.

우리가 미행받고 있는 거 알아?
그래, 이 일주일 동안 그랬어. 하지만 무슨 일이 일어나든지 하나님께서는 이렇게 말씀하시지. "우리가 알거니와 하나님을 사랑하는 자들, 곧 그분의 목적에 따라 부르심을 받은 자들에게는 모든 일이 합력하여 선을 이루느니라." (로마서 8:28)
그래, 맞는 말이야. 형제!

KGB 본부
이게 사진 속 여자들입니다. 이 사진 들을 조합해 보니...

이런 모습의 여자가 나왔습니다.

"제비"*들을 들여보내고, 이 합성 사진과 가장 닮은 여자를 찾아봐!
* 여기서 "제비"들이란, 외국 인사들을 스캔들에 휘말리게 하여 치명적 상처를 입히는 KGB 산하 여자 요원들을 말한다.

대령님, 이 요원은 소피아 토프스키로, 이제까지 19명을 함정에 빠뜨린 경력이 있습니다.
맘에 들어! 외모는 꼭 천사처럼 생겼군.

요원에게 상황을 설명해 주게. 전부 다 교육시키도록.

아야!
일을 망치면 안 되지, 소피아. 그러면 신상에 좋지 않을 테니.

우리의 타락 천사를 위해 건배! 소피아의 성공을 위해!
돼지 같으니라구.

런던행 120편 비행기
승객들은 지금 바로
탑승하여 주십시오.
안전하게 돌아오길 기도하겠네.
따뜻한 전송에 감사드립니다.

죄송합니다만, 무기 소지 점검을 하겠습니다.
이상 없습니다.

담배는 잘 챙겨왔나?
물론이지.
부디 저들의 여행을 통해 루마니아에 하나님의 등불이 비쳐지길!

손님, 마실 것을 좀 드릴까요? 칵테일을 드시겠습니까?
아뇨, 괜찮아요.
그렇지. 젊은 친구들이 저렇게 거절을 좀 해줘야지.
그래야 내가 마실 게 더 많아지지 않겠어?
마르타, 제발 그만 좀 해!

잘 해 낼 수 있겠나?
네, 대령님! 세부사항을 모두 설명해 줬습니다.

네 근처에는 40명이 넘는 우리 요원이 배치되어 있다. 택시 운전사부터 경찰에 이르기까지. 그들이 감시한다는 것을 잊지 말도록.

우연히 파리 공항에서 만나지도록 조치해 놓았습니다.
잘 기억해 둬. 흑인 녀석은 택시에서 물씬 두들겨 패 버려!

소피아, 정부에서 지금 이 일에 막대한 돈을 쏟고 있음을 명심해!
비행기 경비, 옷... 옷이 하나라도 상하면 네가 변상해야 해!

자, 작별 인사다. 소피아... 실패하면 부모님이 고생 좀 할 걸!
네, 대령님!
정말, 싫어! 이 짐승!

공항까지 모셔드리겠습니다.

소피아 토프스키, 나는 후삭이라 하오. 당신을 파리까지 데려다주는 임무를 맡고 있소.

임무를 잘 완수해낼 수 있겠죠?
지금까지 나에게 넘어가지 않은 남자는 없어요.
남자들은 다 똑같아요.

파리에 오신 걸
환영합니다!

녀석들이 방금 세관을
통과했습니다.

5분 내로 현관
으로 나갈 겁
니다.

먼저 택시를 타야겠군.

저기 한 대 있네.
저걸 타도록 하지.

이런, 놓쳤 버렸군.
택시!
내가 먼저 잡았어!
내 꺼야!!

저리 비켜! 내가 먼저야
툭!
누가 좀 도와주세요!
무슨 짓입니까?
넌 뭐야? 저리 가지 못해!

이게 어떻게 된 거지?
저런 놈 하나 해치우지 못 하다니. 무능한 놈.
다친 데는 없습니까?
예!

고맙습니다. 도와주셔서.
방향이 같으면 합승 하시겠어요?

저희는 로열 몽큐 호텔로 가는 길인데요.
우연치곤 대단하네요. 저도 로열 몽큐 호텔로 가거든요. 자, 어서 타세요.

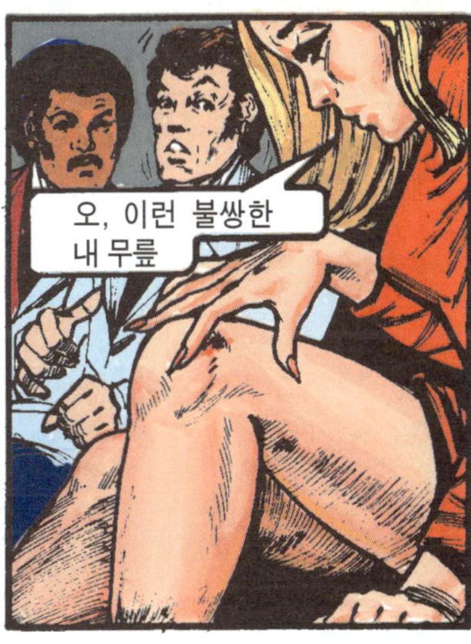
오, 이런 불쌍한 내 무릎

저녁 식사에 초대해 주셔서 정말 고마워요. 내일 저는 부카레스트로 떠납니다.
그래요? 우리도 부카레스트로 가는데... 이건 우연이 아닙니다.

내 정체가 탄로 난 건가?

이 모든 일에는 주님의 인도하심이 있습니다.
뭐야? KGB보다 얼간이들이잖아?

부카레스트로 가는 기차 안에서
우리 러시아 군대를 어떻게 생각하나요?

최고의 정예군사들 같군요!
지상 최고 군대죠. 절대 패하지 않는답니다.

당신은 성경을 모르시는군요. 그렇죠, 소피아?
그게 러시아와 무슨 상관이죠?

에스겔서 38장에 보면, 러시아는 이스라엘을 침략하다가 멸망한다고 예언되어 있습니다.
뭐야 이거? 이제보니 광신자들 아냐?

성경은 사실이 아니예요! 사람들을 통제하려는 종교적 수단에 불과해요!
소피아... 성경은 하나님의 말씀입니다. 성경은 미래에 일어날 일들을 말하고 있죠.*

성경은 예수님께서 다시 오셔서 이 땅을 통치하신다고 말씀합니다.
그런 말은 처음 들어요.

차표 좀 보여 주시죠.
어... 어... 종교에 관해서는 더 이상 토론하지 않는 게 좋겠어요.
윗 사람들이 좋아하지 않으실 테니까요.

* 고린도후서 4:3-4

부카레스트에 와보니 어때요?
멋진 도시죠?
멋지군요!
오늘밤 저희 숙모님을 한번 만나보실래요?
아주 좋은 분이세요.

파리에서 저를 도와주신 분으로 두 분을
늘 기억할께요.
실례하겠습니다. 살 게 좀 있어서요.
먼저 가요. 곧 따라갈 테니.

그런데 짐, 팀은
참 멋진 사람 같아요.
맞아요. 팀은 참 멋진 사람
이죠.

아실지 모르겠지만, 우린 형제랍
니다.
뭐라고요?

우리 둘은 아버지가 같은 분이
시죠.
배다른 형제
란 말인가요?
그게 아니고, 우린 그리스
도인입니다. 하나님께서
우리 아버지시지요.

내가 형제 어쩌구 하니까
사람들이 화가 났나봐요.
내가 당신 여잔 줄
아는 거 같아요.

사람들이 짐 형제 때문에
화가 났나 보군요?
제가 사과할께요, 짐.

소피아, 세상 사람들은 다 똑같
습니다.* 모든 나라, 모든 지역,
마을, 이웃에는 편협한 사람들
이 있게 마련이지요.
맞는 말이예요.

* 로마서 3:9-12

아직 추근대지도 않는단 말이지? 이런, 이틀밖에 남지 않았다는 것을 명심해.
기다리세요. 오늘밤에 그를 넘어 뜨릴 거예요.
알겠으니 뭔가 조치를 취해 봐!

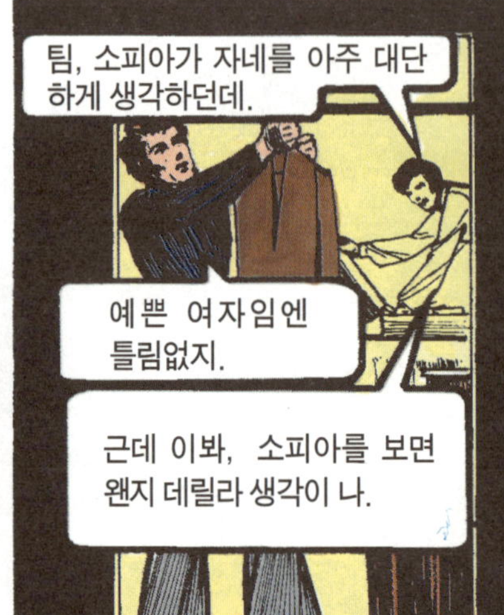
팀, 소피아가 자네를 아주 대단하게 생각하던데.
예쁜 여자임엔 틀림없지.
근데 이봐, 소피아를 보면 왠지 데릴라 생각이 나.

도청 장치야!

모든 곳에 도청장치가 되어 있어. 우리한테 맞춰 있는 것같아.

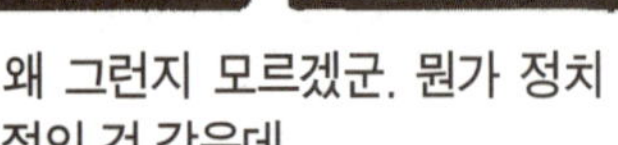
왜 그런지 모르겠군. 뭔가 정치적인 것 같은데.

소피아 숙모(KGB요원)와의 저녁식사
팀, 당신과 정말 즐거운 시간을 보냈다고 소피아가 그러던데요.
고맙습니다. 저도 소피아와 같은 생각입니다.

팀, 우리 같이 정원 산책이나 할까요?
좋아요. 이봐 짐, 같이 가지.
안 돼요. 짐한테 미국 생활에 관한 얘기를 더 듣고 싶어요.

달이 참 아름답군요. 당신이 떠나면 아마 많이 그리울 거예요.
소피아, 나도 당신이 그리울 거요.
팀, 당신을 사랑하게 됐어요. 키스해 주겠어요?

이봐! 미안한데, 이제 돌아갈 시간이야!

오후 9시, 부카레스트에서의 마지막 밤.
좋아, 소피아. 이제 기회가 온 거야. 카터가 돌아오면 우리가 그를 어떻게든 붙잡아 놓을 테니 잘해 보라고.
걱정 마세요.

오후 10시
시간을 잘 맞췄군.

이봐요, 우체통은 어딨죠?
미안합니다. 전 영어를 못 합니다.

좋아요, 친구, 그럼 담배나 한 대 하시죠.
고맙습니다.

내가 저 담배를 가져가야겠소.
잠깐만요. 난 담배를 끊었으니...

저 사람은 가게 하시고,
자, 여기, 내 담배를 다 드리리다.
고맙소.

우체통은 어딨죠?
안에 있소.

하나님, 감사합니다. 됐어, 마이크로필름을 손에 넣었어!
우리는 이제 다시 성경을 갖게 되었어! 하나님께서 우리 기도에 응답하셨어!*

* 베드로전서 3:12

누구
세요?
소피아예요.
들어갈게요.

팀, 전 외로워요.
소피아, 당신에게 할
말이 있어요.

다시는 외롭지 않게 해주겠소.
카메라 작동해!

다음 날
필름 좀 볼까?
대령님, 별로 좋지
않은데요

하나님께서 세상
을 이처럼 사랑하
셔서 그의 독생자
를 주셨으니, 이는
그를 믿는 사람은
누구든지 멸망하
지 않고 영생을 얻
게 하려 하심이니
라. 요 3:16

오, 하나님. 저의 죄들을 용
서해 주시고 저를 구원시
켜 주세요. 주 예수님, 지금
제 마음속으로
들어오세요.
뭐야 이거! 그리스도인이
되었잖아!

그뿐만 아니라, 대령님
(꿀꺽), 카메라맨도 그리
스도인이 되었습니다.
##!☆☆!!
믿을 수 없어!... 실패
하다니!

잘 가세요. 하나님께서 두 분을 축복해 주시길
바래요... 이제 저도 예수님께 제 생을 바칠 준비
가 됐어요.
소피아, 당신을 위
해 늘 기도하겠소.
하늘 나라에서 다
시 만납시다.
저기 있다! 잡아라!

사랑하는 주님, 티모시와 짐을 보내 주셔서 저에게
주님의 사랑에 대해 말씀해 주시고, 주께서 저를
위해 준비하신 아름다운 미래의 소망을 듣게 해
주셔서 감사합니다.
소피아, 네 방으로
다시 들어가!

부카레스트 작전 끝!

* 채